A HISTÓRIA DE JESUS
ZÉLIA MARIA WANDERLEY DANTAS

Paulinas

Dados Internacionais de Catalogação na Publicação (CIP)
(Câmara Brasileira do Livro, SP, Brasil)

Dantas, Zélia Maria Wanderley
A história de Jesus / Zélia Maria Wanderley Dantas; [ilustrações Kelly de Oliveira]. -- São Paulo: Paulinas, 2018.

ISBN 978-85-356-4352-7

1. Catequese - Igreja Católica 2. Educação cristã da criança 3. Educação cristã - Programas de atividades 4. Jesus Cristo - História das doutrinas I. Oliveira, Kelly de. II. Título.

18-13171   CDD-268.432071

Índice para catálogo sistemático:
1. Atividades: Catequese infantil: Igreja Católica: Cristianismo   268.432071

1ª edição – 2018
2ª reimpressão – 2024

Direção-geral: *Flávia Reginatto*
Editores responsáveis: *Vera Ivanise Bombonatto e Antonio Francisco Lelo*
Copidesque: *Mônica Elaine G. S. da Costa*
Coordenação de revisão: *Marina Mendonça*
Revisão: *Sandra Sinzato*
Gerente de produção: *Felício Calegaro Neto*
Produção de arte: *Claudio Tito Braghini Junior*
Ilustrações: *Kelly de Oliveira*

Nenhuma parte desta obra poderá ser reproduzida ou transmitida por qualquer forma e/ou quaisquer meios (eletrônico ou mecânico, incluindo fotocópia e gravação) ou arquivada em qualquer sistema de banco de dados sem permissão escrita da Editora. Direitos reservados.

Cadastre-se e receba nossas informações
paulinas.com.br
Telemarketing e SAC: 0800-7010081

Paulinas
Rua Dona Inácia Uchoa, 62
04110-020 – São Paulo – SP (Brasil)
📞 (11) 2125-3500
✉ editora@paulinas.com.br
© Pia Sociedade Filhas de São Paulo – São Paulo, 2018

Sumário

Apresentação 5

1. Para começar 6
2. Quem era Maria?... 6
3. Quem era José? 7
4. A caminhada para Belém 7
5. Nasce o Salvador.. 8
6. A visita dos Magos 8
7. A infância de Jesus 9
8. A vida pública de Jesus... 10
9. Os milagres de Jesus 10
10. A cura da filha do chefe da sinagoga... 11
11. Cura de um cego em Jericó 11
12. Os últimos tempos de Jesus na Terra 12
13. Últimos dias de Jesus 13

Atividades... 15

Respostas das atividades 37

Apresentação

Amigo leitor

Tenho um convite para você! Vamos fazer juntos uma viagem no tempo e chegar a outro tempo, o passado, quando viviam as personagens desta história?

O nosso veículo será a "imaginação" e o condutor que nos levará até lá serão as "palavras".

Pensei muito, porque era preciso escolher o mais belo jeito de contar a história de um menino e de seus pais também. Cada um tem sua história, mas se juntam numa só.

Quando o menino cresce e chega aos trinta anos, começa a cumprir sua "missão", e sai andando pela Galileia, navegando pelo Mar de Tiberíades, e coisas maravilhosas começam a acontecer.

Acredito que você vai gostar de conhecer a história de Jesus!

A autora

1. Para começar

Toda história tem um começo, e esta que vou contar aconteceu lá longe, em um lugar bem distante daqui e em um tempo que era muito diferente deste que vivemos hoje.

Naquele tempo não havia ônibus, nem trem, nem metrô.

Não havia telefone, nem fax, tampouco computador.

Para falar com quem estava distante, contar novidades ou informar ordens do imperador, os emissários tinham que andar... andar...

E foi assim que José e Maria souberam do decreto de Augusto César, imperador do Império Romano, ordenando que todos os seus súditos fossem a sua cidade natal para a contagem de todos os que viviam no território sob seu domínio.

Por essa razão, atendendo a esta ordem do imperador, José e Maria saíram da cidade de Nazaré, na Galileia, para a cidade de Belém, na Judeia.

E por que, em meio a tantas pessoas que se movimentavam para ir à cidade onde nasceram, destacamos José e Maria?

Esta é a história que vou contar...

2. Quem era Maria?

Maria era uma jovem que vivia com seus pais, Joaquim e Ana, na cidade de Nazaré, na Galileia, e estava prometida em casamento a um homem chamado José.

Certo dia, o anjo Gabriel foi enviado por Deus para levar uma mensagem a Maria.

Dirigindo-se à jovem, o anjo disse:

– Ave, cheia de graça, o Senhor é contigo!

Era natural que Maria ficasse admirada com esta saudação e começou a pensar sobre o que tinha ouvido e o que estas palavras queriam dizer.

O anjo continuou falando e explicou a razão de sua visita: ela havia sido escolhida para ser a mãe do Filho de Deus.

Maria perguntou ao anjo como tudo poderia acontecer, pois ela não era casada, ainda.

Logo, o anjo respondeu:

– O Espírito Santo descerá sobre ti e a força do Altíssimo te envolverá com sua sombra. Por isso, aquele que nascer de ti será chamado Filho de Deus (Lc 1,34-35).

Maria entendeu o que Deus lhe pedia e respondeu:

– Eis aqui a serva do Senhor, faça-se em mim segundo a tua palavra (Lc 1,38).

Com o consentimento de Maria, a partir daquele momento, ela abrigou em seu seio materno o Filho de Deus, que deveria se chamar Jesus.

3. Quem era José?

José era descendente do Rei Davi e morava em Nazaré, sendo conhecido como um homem de bem. Tinha uma profissão: ele era carpinteiro.

Percebendo que Maria estava esperando um filho, rejeitou-a secretamente, isto é, não disse nada a ninguém, mas se entristeceu com o que estava acontecendo e ficou em dúvida se deveria casar-se com ela.

Mas um anjo do Senhor lhe apareceu em sonho e fez a "revelação" do que acontecia com Maria, afastando assim suas preocupações.

A partir daí, José recebeu Maria em sua casa, mostrando-se fiel em aceitar a Palavra de Deus.

4. A caminhada para Belém

Os personagens principais desta história – José e Maria – já conhecemos. Vamos seguir com eles até a cidade de Belém, que para lá iam a fim de atender às ordens do imperador.

A caminhada não tinha sido fácil. Durante o dia, o Sol forte, e à noite, o frio. Chegando à cidade, procuraram abrigo.

Batem aqui... batem ali... batem acolá, e só ouvem uma resposta:

– Não há lugar.

Cada casa abrigava os parentes das famílias que chegavam de longe. Vão a uma hospedaria... vão a outra, a mais uma... Mas seria aquele lugar adequado para uma mãe que espera um filho dar à luz?

Certamente, não, porque nas hospedarias os mercadores chegavam de suas longas viagens, descansavam, faziam negócios e davam de beber às suas montarias – os camelos.

José e Maria dirigiram-se, então, a um campo onde havia uma estrebaria.

5. Nasce o Salvador

Era noite. No céu brilhavam as estrelas. A Lua clareava a imensidão.

O Menino nasceu! Foi enrolado em faixas e deitado em uma manjedoura.

Perto dali, pastores vigiavam seus rebanhos e um anjo do Senhor apareceu a eles e deu a Boa-Nova.

Eles ficaram assustados com tão súbita aparição, mas o anjo disse:

– Não temais, eis que vos anuncio uma Boa-Nova, que será alegria para todo o povo: hoje vos nasceu na cidade de Davi o Salvador, que é o Cristo Senhor!

E o anjo completou sua missão dizendo:

– Achareis um recém-nascido envolto em faixas e posto em uma manjedoura.

Logo depois, ao anjo se juntaram muitos outros anjos, que cantaram:

– Glória a Deus no mais alto dos céus e, na Terra, paz aos homens de boa vontade!

Depois que os anjos voltaram ao céu, os pastores se apressaram a encontrar Maria, o Menino e José. Então, foram bem depressa a Belém e contaram tudo que ouviram dos anjos e o que haviam encontrado. Todos se maravilhavam com o que os pastores narravam e lembravam-se do que os profetas, tempos e tempos atrás, tinham dito: "Uma virgem conceberá e dará à luz um filho, e o chamará Deus Conosco" (Is 7,14).

6. A visita dos Magos

Algum tempo depois, sábios do Oriente vieram a Jerusalém, guiados por uma estrela, visitar o Menino.

Mas, naquele tempo, não havia os telescópios potentes de hoje e muito menos GPS. Assim, os sábios tiveram dificuldade em encontrar o lugar onde estava a criança. Então, dirigiram-se ao palácio do Rei Herodes para se informar onde encontrar a criança e seus pais.

Herodes se surpreendeu. Logo, convocou sua corte e perguntou onde haveria de nascer o Cristo.

Ouviu então a resposta:

– Pelas leituras do profeta, sabemos que será em Belém de Judá.

O rei se apressou a dizer aos Magos e fez um pedido:

– Na volta, peço que me informem onde está o Menino. Eu também quero ir adorá-lo.

Os Magos partiram e seguiram a estrela, indicando o caminho, até parar no lugar onde estava o Menino. Lá chegando, encontraram Jesus e sua mãe, Maria. Eles o adoraram e entregaram os presentes que haviam trazido.

Avisados em sonhos que não deveriam voltar para avisar a Herodes onde estava o Menino, seguiram por outro caminho para sua terra.

7. A infância de Jesus

Da infância de Jesus pouco se sabe, a não ser que ajudava José na carpintaria e era obediente a ele e a Maria. Mas um acontecimento nos mostra que, desde criança, o Menino Jesus sabia que tinha uma missão a cumprir.

Aos 12 anos, ele acompanhava seus pais a Jerusalém para celebrar a Páscoa, como era o costume dos judeus. Quando as comemorações da Páscoa terminaram, todos tomaram o caminho de volta para suas cidades. Depois de andar um dia, acreditando que Jesus estava entre os parentes, começaram a procurá-lo e, não o encontrando, fizeram o caminho de volta. Depois de procurá-lo durante três dias, foram encontrá-lo no Templo entre os doutores, ouvindo-os e fazendo perguntas a eles.

Causava muita admiração aos que escutavam as respostas que o Menino dava a eles.

Maria, muito aflita, disse:

– Por que nos fizestes isso? Eu e teu pai estávamos muito aflitos a tua procura!

E Jesus respondeu:

– Não sabíeis que devo ocupar-me das coisas do meu Pai?

Logo depois, caminhou com eles para Nazaré e era obediente aos seus pais.

8. A vida pública de Jesus

Quando completou 30 anos, Jesus começou a cumprir sua missão de enviado do Pai.

E foi andando... andando, que Jesus percorreu toda a Galileia, ensinando nas sinagogas e pelos caminhos também. Grandes multidões o acompanhavam e sua fama se espalhava pelos arredores do Mar de Tiberíades, por Jerusalém, pela Judeia e até pelos países do outro lado do Rio Jordão.

Coisas maravilhosas iam acontecendo e uns contavam para os outros:

– Eu tenho certeza, fiquei lá no pé da montanha e ouvi tudo direitinho!

Jesus disse:

– Bem-aventurados os que têm o coração de pobre, porque deles é o Reino dos céus.

Quando Sara ia contar para a vizinha o que tinha ouvido, chegou o mercador Josef, que quase não podia falar, era bastante idoso, mas de seus olhos saía um brilho novo:

– Não posso deixar de contar a nova promessa: "Buscai e achareis. Batei e vos será aberto. Porque todo aquele que pede, recebe" (Mt 7,7).

E ao grupo se juntou um pescador que disse:

– Eu vim da praia pensando no que ouvi: "Aquele que ouve as minhas palavras e as pratica é semelhante a um homem prudente que edificou sua casa sobre a rocha" (Mt 7,24).

E uma pessoa, e outra, e um grupo e uma multidão acreditavam, e as palavras de Jesus se espalhavam. A ele se chegavam coxos, paralíticos, cegos e todos que carregavam doenças do corpo e também da alma.

9. Os milagres de Jesus

Quatro cidades têm importância na vida de Jesus: Belém, cidade de seu nascimento; Jerusalém, cidade em que foi condenado; Nazaré, cidade onde foi criado e Cafarnaum, cidade que foi o centro de sua missão e de onde ele saía para pregar. Esta última cidade, situada no litoral do Mar da Galileia, era um importante centro comercial, o que justificava a presença de uma "centúria" – cem soldados sob o comando de um centurião, nome dado ao militar que comandava uma centúria. Era um homem de responsabilidade dentro do exército romano, acostumado a dar ordens e a ser obedecido.

O centurião, citado no Evangelho de Mateus, tinha ouvido falar de Jesus. Certa vez, quando Jesus entrava na cidade, mandou que pedissem a ele pelo seu servo, aquele que lhe servia em casa e estava doente. O centurião percebia que não estava em suas mãos resolver o problema do sofrimento do seu servo.

E Jesus, em sua bondade e misericórdia infinitas, logo se prontificou a ir até a casa do centurião. E o centurião, sabendo da resposta de Jesus, disse:

– Senhor, eu não sou digno de que entreis em minha casa. Dizei uma só palavra e meu servo será curado (Mt 8,8).

Voltando para a casa do centurião, aqueles que vieram chamar Jesus, encontraram o servo curado.

E Jesus percorria cidades, aldeias, curando todo mal, toda enfermidade, e sentia compaixão pelos que sofriam.

10. A cura da filha do chefe da sinagoga

Assim aconteceu com uma menina, filha de um chefe da sinagoga, que, se prostrando diante de Jesus, disse:

– Senhor, minha filha acaba de morrer! Mas vem, impõe as mãos sobre ele, e ela viverá!

Na casa da família reinava grande tristeza. Os tocadores de flauta já haviam chegado, como era o costume do lugar, e uma multidão, em frente da casa, lamentava o que tinha acontecido. Chegando à casa, Jesus entrou com três discípulos, mais o pai e a mãe da menina, e disse para os que estavam do lado de fora:

– Retirai-vos, porque a menina não está morta, ela dorme (Mt 9,24).

Tomou a menina pela mão e, falando com voz forte, disse:

– Menina, levanta-te!

Ela voltou à vida e Jesus mandou que lhe dessem de comer.

11. Cura de um cego em Jericó

Certa vez, Jesus caminhava na direção de uma cidade distante, cerca de 35 km de Jerusalém, chamada Jericó, que ficava em uma região do deserto. Mas nesse lugar encontra-se uma importante nascente, chamada Fonte de Eliseu.

Essa fonte tornou Jericó uma das mais férteis zonas agrícolas do Oriente Médio. Ali se encontravam todas as espécies de plantas da região e também de flores, o que tornava Jericó um verdadeiro jardim, porque a água da fonte é fonte de vida.

Buscando a verdadeira vida, uma grande multidão seguia Jesus. Nesse caminho, um cego pedia esmolas. Ouvindo as vozes da multidão que seguia Jesus, ficou curioso em saber o que se passava. Disseram para ele:

– É Jesus de Nazaré que passa.

Depressa o cego disse:

– Jesus, Filho de Davi, tem piedade de mim! – ele gritava e o repreendiam, mas ele gritava ainda mais forte.

Jesus parou e mandou que o trouxessem. Quando o cego chegou junto de Jesus, ouviu a pergunta:

– Que queres que eu te faça?

O cego respondeu:

– Senhor, que eu veja!

E Jesus lhe disse:

– Vê, tua fé te salvou.

E aquele que era cego passou a enxergar e seguiu Jesus, dando glória a Deus. Também toda a multidão deu glória a Deus pelo que acabara de assistir.

12. Os últimos tempos de Jesus na Terra

Os milagres se sucediam, mas aconteciam também as lições de humildade, a grandeza do perdão e as orações em comum.

Jesus sabia que seu tempo de voltar à casa do Pai estava próximo, pois sua missão estava se completando.

Pelas festas da Páscoa, Jesus foi a Jerusalém. Estando próximo da cidade, pediu a dois de seus discípulos para irem a uma aldeia que avistavam adiante e disse a eles:

– Encontrareis um jumentinho amarrado. Nele, ninguém montou. Soltai-o e trazei-o. Se os donos perguntarem por que o soltaram, digam: "O Senhor precisa dele".

E assim aconteceu. Os discípulos estenderam seus mantos sobre o jumentinho e Jesus montou nele, dirigindo-se para Jerusalém.

O povo aclamava Jesus, o Filho de Deus, e em altas vozes louvava a Deus pelas maravilhas que Jesus havia feito. Jesus entrou em Jerusalém e, por onde passava, o povo se alegrava.

13. Últimos dias de Jesus

Como era costume entre os judeus, Jesus também comemorava a Páscoa com seus discípulos e sabia que dentre eles estava aquele que o haveria de trair.

Durante a Ceia Pascal, Jesus instituiu a Eucaristia:

– Tomai e comei, isto é meu corpo.

Tomou depois o cálice, rendeu graças e disse:

– Bebei dele todos, porque isto é o meu sangue, o sangue da Nova Aliança, derramado por muitos homens em remissão dos pecados (Mt 26,26-28).

Além do convite feito aos apóstolos para participarem da Ceia da Páscoa, ele fez um gesto para que compreendessem a sua missão – realizou o lava-pés.

Levantou-se da mesa, depôs suas vestes e, pegando uma toalha, cingiu-a ao corpo.

Jesus assumiu o papel de servo – aquele que lava os pés.

Colocou água numa bacia e começou a lavar os pés dos discípulos.

Sexta-feira da Paixão – Nesse dia relembramos todos os sofrimentos de Jesus e seu sacrifício na cruz, no monte chamado de Gólgota (lugar do crânio), pela nossa redenção.

À tardinha, depois que Cristo morreu, um homem chamado José de Arimateia foi pedir a Pôncio Pilatos o corpo de Jesus. Pilatos cedeu... José de Arimateia envolveu Jesus num pano de linho e colocou-o em um sepulcro novo, escavado na rocha. As mulheres que tinham vindo com Jesus desde a Galileia, acompanharam José. Elas viram o túmulo e o modo como Jesus ali fora depositado. Elas voltaram e prepararam aromas e bálsamos.

No sábado, observaram o preceito do repouso (Lc 23,50-56).

Domingo de Páscoa – As palavras dos profetas continuam se cumprindo e confirmando a natureza divina de Cristo: "... E ao terceiro dia ressurgirá!" (Mt 17,23). E Jesus ressuscitou!

Mas sabemos que só houve a *ressurreição* porque antes houve o *calvário*, e, antes de todos esses acontecimentos, houve Belém, onde nasceu o Salvador.

Jesus passou ainda algum tempo dentre os apóstolos, depois subiu para o céu, morada eterna junto ao Pai.

O Cristo que recebemos na Eucaristia é o Cristo ressuscitado. Sua presença é real!

Atividades

Relembre os fatos da história de Jesus que você acabou de ler, realizando as atividades abaixo. Quando sentir dificuldade ou tiver dúvida, volte aos textos.

1. Para começar

Faça a correspondência entre a primeira e a segunda coluna, de acordo com os fatos narrados:

(1) José e Maria ( ) Contagem de seus súditos

(2) Nazaré na Galileia ( ) Cidade para onde José e Maria viajaram

(3) Augusto César ( ) Personagens desta história

(4) Belém da Judeia ( ) Imperador dos romanos

(5) Decreto do imperador romano ( ) Cidade onde José e Maria viviam

2. Quem era Maria?

Complete o texto abaixo com as palavras que estão dentro do retângulo.

| DEUS | ANJO | JOAQUIM E ANA | FILHO DE DEUS |
| GABRIEL | NAZARÉ | MARIA | "EIS AQUI A SERVA DO SENHOR!" |

_____ viviam na cidade de _____. Eles tinham uma filha que se chamava _____. Certo dia, Maria recebeu a visita de um _____, que se chamava _____. Ele trazia uma mensagem de _____ para aquela jovem. O anjo disse que ela havia sido escolhida para ser a mãe do _____. Com as explicações do anjo, Maria entendeu o que Deus lhe pedia e disse:_____.

3. Quem era José?

   a) Complete a frase: José era descendente do _____.

   b) Circule os objetos que José, certamente, usava em seu trabalho como carpinteiro.

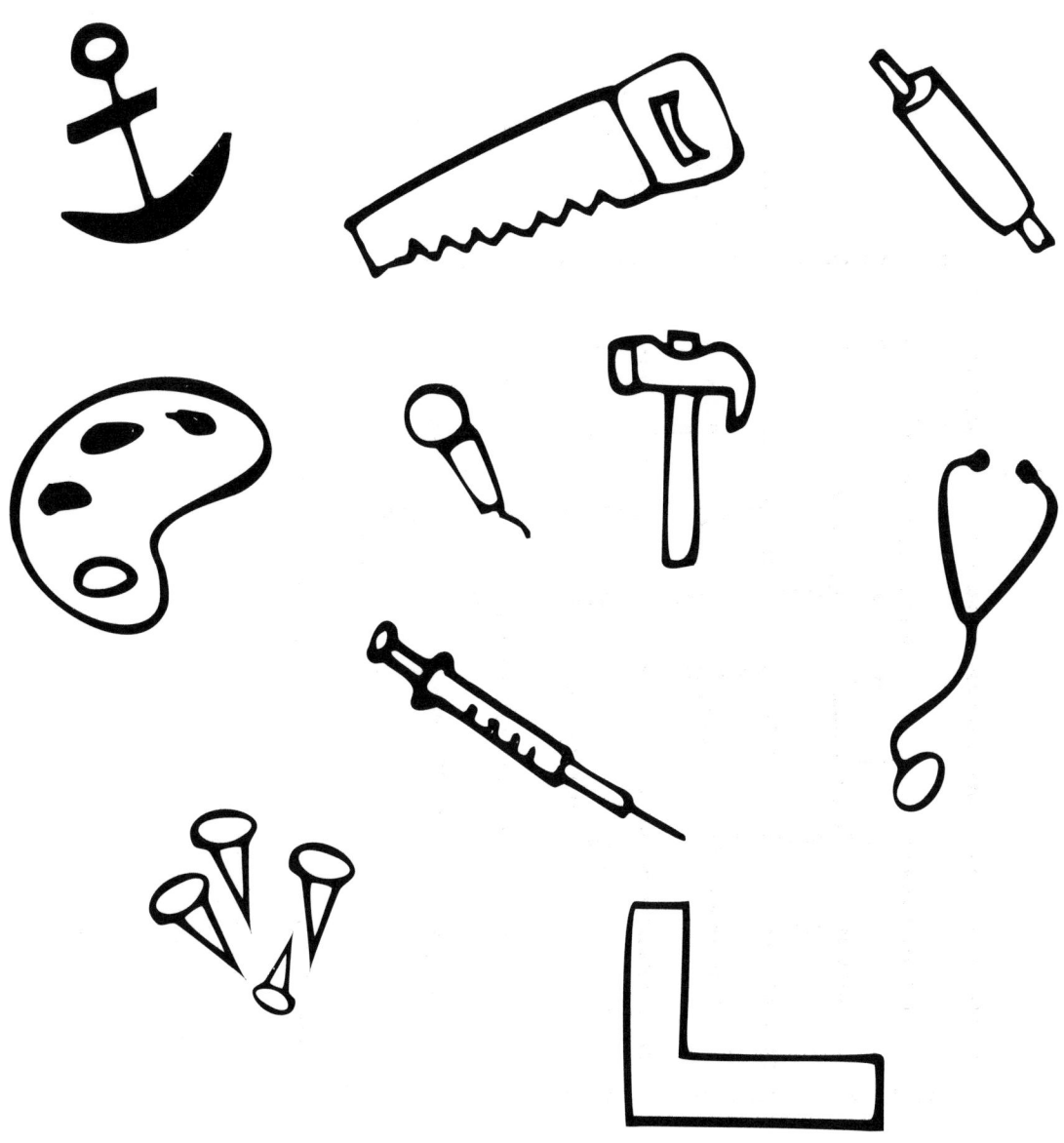

4. A caminhada para Belém

Chegando a Belém, José e Maria procuraram abrigo, mas não encontraram onde ficar.

Caminhe com eles, seguindo pelo labirinto, e chegue ao local onde resolveram parar.

5. Nasce o Salvador

Os traços deste desenho foram interrompidos. Ligue os pontos e complete a cena do nascimento do Salvador.

6. A visita dos Magos

a) Pinte os espaços pontilhados e aparecerá o astro que indicou para os Reis Magos o caminho que leva ao Deus Menino.

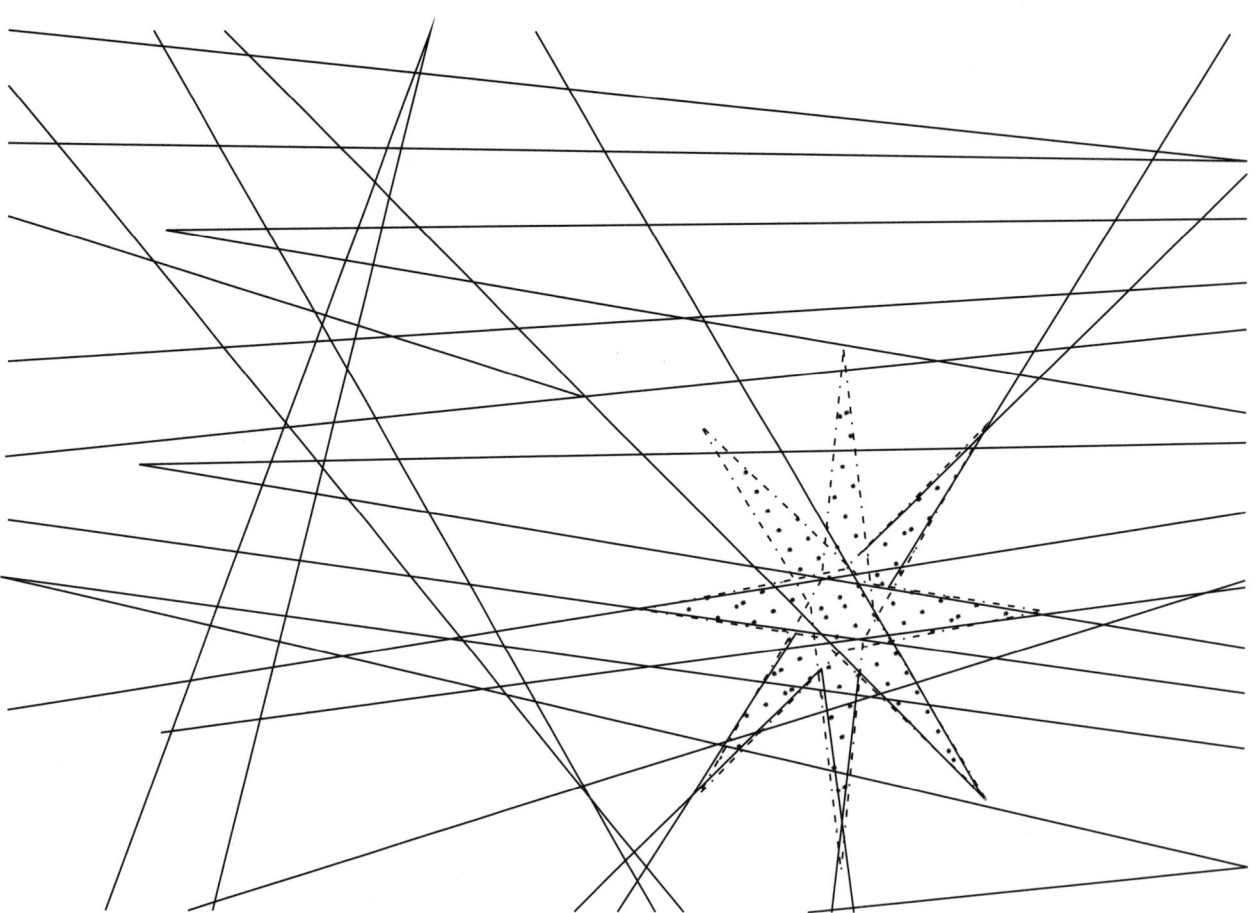

O texto não nos informa os nomes dos Magos. Vamos conhecê-los?

b) Observe abaixo os números da faixa maior. A cada número corresponde uma letra. Nas faixas menores você encontra também números. Faça a correspondência entre esses números e as letras e preencha os quadrinhos vazios. Você encontrará, então, os nomes dos Magos.

1	2	3	4	5	6	7	8	9	10	11	12	13	14
A	B	E	G	I	L	M	O	P	Q	R	S	T	U

4	1	12	9	1	11

2	1	6	13	1	12	1	11

7	3	6	10	14	5	8	11

c) Responda às charadas abaixo. Depois, junte a primeira letra de cada resposta e descubra o nome de uma personagem importante na história de Jesus:

1. Aquele que tem um grande ato de coragem: Herói

2. Astros que brilham no céu, à noite: _____

3. Movimentam os veículos que se deslocam no chão: _____

4. Usa-os quem tem dificuldade para enxergar: _____

5. O oposto de noite: _____

6. Formam as correntes: _____

7. Estrela que aquece e ilumina a Terra: _____

Resposta: H_____

7. A infância de Jesus

a) Volte ao texto. Leia com atenção o que está escrito sobre a infância de Jesus. A seguir, complete o texto abaixo:

Como era costume dos _____, eles se dirigiam a _____ para celebrar a _____. A família de _____ também seguia essa tradição.

b) Observe esta imagem:

Faça um traço abaixo da afirmação que corresponde à ida de Jesus ao Templo:

1. Na volta para sua cidade, Jesus deixou o grupo porque desejava conhecer o Templo.

2. Jesus sabia que tinha uma missão confiada a ele pelo Pai e deveria cumpri-la.

3. Jesus quis ir ao Templo para rezar os salmos.

c) Ligue o balão ao nome da pessoa que disse esta frase:

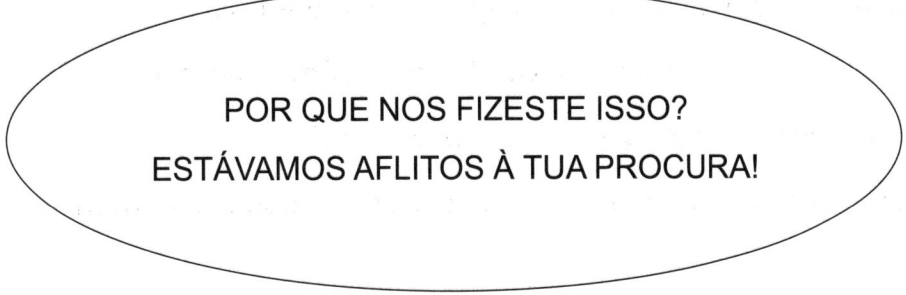

POR QUE NOS FIZESTE ISSO? ESTÁVAMOS AFLITOS À TUA PROCURA!

JOSÉ   UM PARENTE DE JESUS   MARIA

d) Mais uma vez, volte ao texto. Leia com atenção. A seguir, escreva no balão o que Jesus disse para Maria, quando o encontraram no Templo:

8. A vida pública de Jesus

a) Resolva a sentença matemática abaixo:

5 x 2 + 15 – 5 x 3 : 2 = _____

Com o resultado, complete a frase:

Aos _____ anos, Jesus começou sua vida pública.

b) A partir da palavra escrita na vertical, complete os quadrinhos de acordo com as charadas abaixo, observando o número de letras:

1. Lugar onde Jesus chamou os apóstolos (15 letras)

2. Região onde se situa a cidade de Jerusalém (6 letras).

3. Cidade onde Jesus foi crucificado (8 letras).

4. Região onde Jesus viveu sua infância e começou o seu trabalho missionário (6 letras).

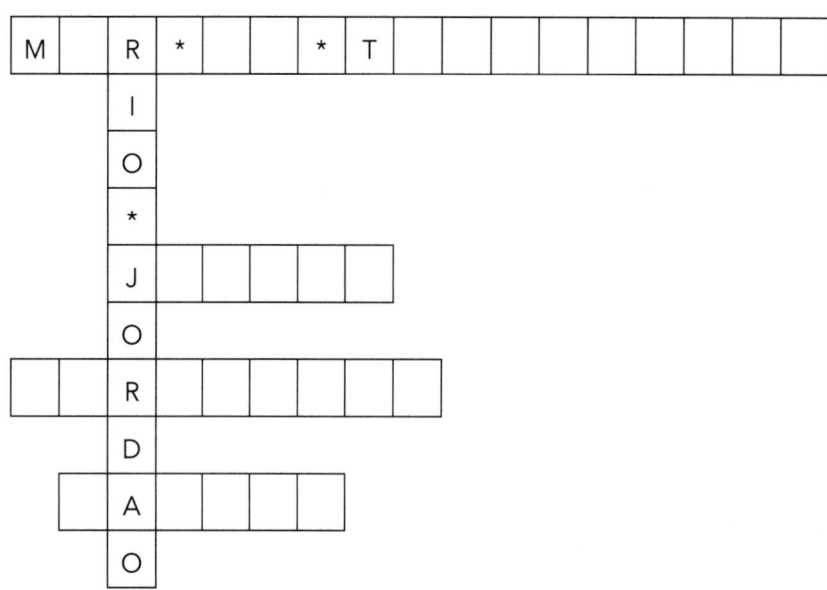

c) Complete a frase abaixo:

Estes são os nomes dos lugares por onde _____ andou para cumprir sua missão.

9. Os milagres de Jesus

a) Localize no mapa abaixo as quatro cidades citadas no texto. Faça um círculo em volta de cada uma delas. Depois, puxe uma seta e escreva por que essas cidades foram importantes na vida de Jesus.

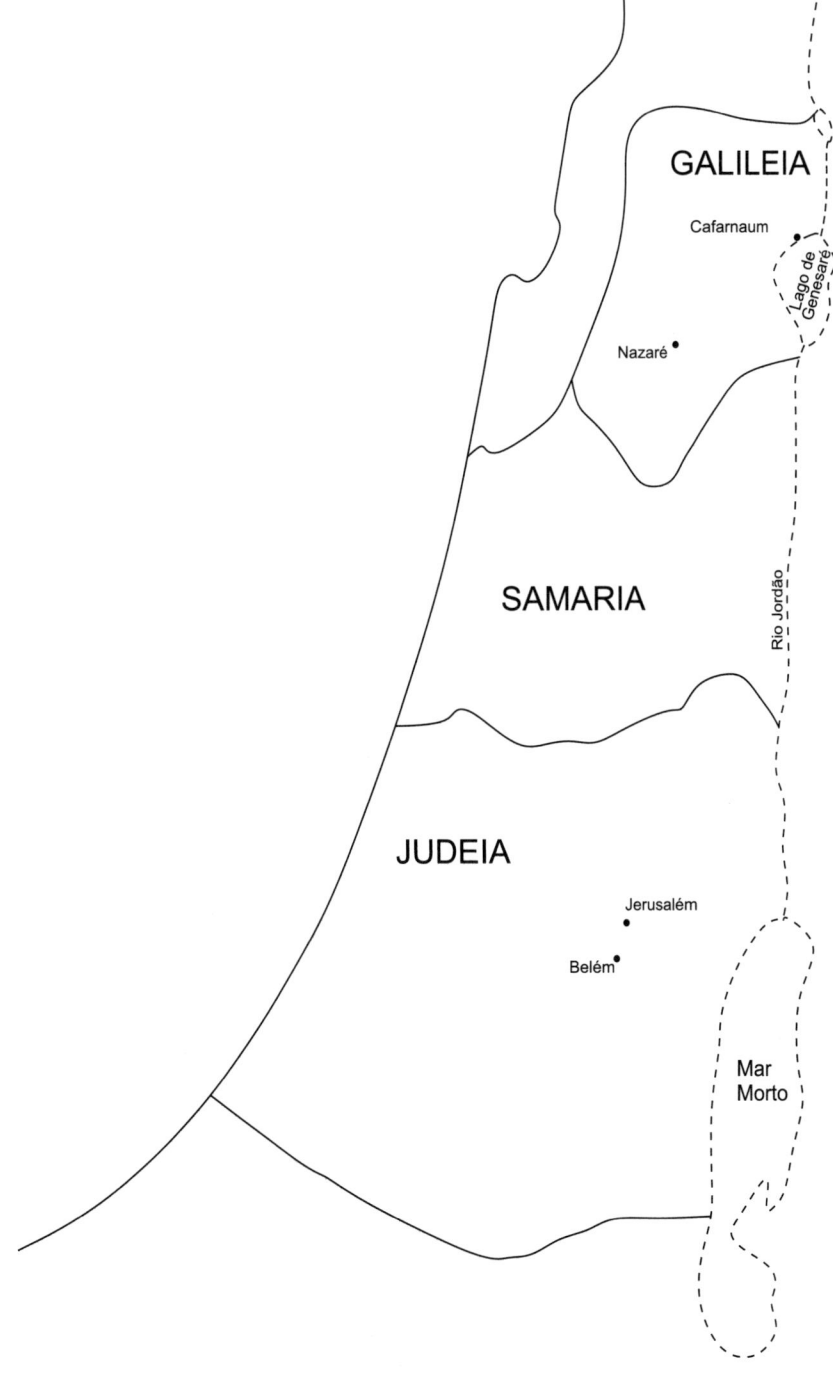

Um dos milagres de Jesus, citados no Evangelho de São Mateus, diz respeito à cura do servo de um centurião. Vamos recordar como isso aconteceu!

b) Ligue a palavra "centurião" às características que definem esse homem a quem Jesus atendeu.

CENTURIÃO

Militar

Comerciante

Comandava uma centúria

Tinha um servo doente

Só queria conhecer Jesus

c) Procure no caça-palavras as qualidades ou virtudes que podem ser reconhecidas no centurião. Com esses nomes complete as afirmativas abaixo:

R	B	H	U	M	I	L	D	A	D	E	B	D	O	H	G
J	M	M	T	F	A	C	O	N	F	I	A	N	Ç	A	J
H	R	V	S	C	O	M	P	A	I	X	Ã	O	L	T	I
G	E	A	C	T	G	A	O	F	É	N	T	A	D	A	A

1. O centurião sente _____ pelo servo que sofria.

2. O centurião teve a _____ de pedir a cura de seu servo, mesmo sem Jesus ir até sua casa.

3. O centurião tinha _____ em Jesus, porque acreditou sem ter visto milagres.

4. O centurião revela _____ em que seria atendido por Jesus.

d) Sabendo das disposições de Jesus de ir até sua casa, o centurião diz uma bela frase que revela toda sua humildade. Volte ao texto e passe um traço abaixo dessa frase.

10. A cura da filha do chefe da sinagoga

Responda, nas linhas abaixo, as perguntas que podem ser feitas sobre a cura da filha do chefe da sinagoga.

1. QUANDO o chefe da sinagoga procurou Jesus?	
2. POR QUE ele procurou Jesus?	
3. QUEM se encontrava na frente da casa?	
4. QUAIS pessoas entraram na casa com Jesus?	
5. O QUE Jesus falou para o povo que se encontrava na frente da casa?	
6. O QUE fez Jesus?	
7. QUAIS foram suas palavras para a menina?	

11. Cura de um cego em Jericó

a) Organize as letras abaixo e assim você descobrirá o nome de uma importante nascente em Jericó.

E F T N O E D E S E L I U

_____

b) O desenho abaixo representa um canteiro com flores de Jericó. Pinte o canteiro abaixo e marque as 7 diferenças:

c) Ligue os nomes às frases ditas por estas personagens que estavam em Jericó:

JESUS   "Filho de Davi, tem piedade de mim!"

                 "Que queres que eu te faça?"

O CEGO   "Vê, tua fé te salvou."

                 "Que eu veja!"

12. Os últimos tempos de Jesus na Terra

Mais uma vez, Jesus vai a Jerusalém para as comemorações da Páscoa. As frases abaixo não correspondem à ordem dos acontecimentos. Numere corretamente a sequência dos fatos que marcam a entrada de Jesus naquela cidade:

( ) "O Senhor precisa dele." É assim que devem dizer, se os donos reclamarem.

( ) "Lá naquela aldeia encontrareis um jumentinho amarrado. Nele ninguém ainda montou."

( ) O povo aclamava Jesus.

( ) Jesus montou no jumentinho e entrou em Jerusalém.

13. Últimos dias de Jesus

a) Esta cena representa o "lava-pés":

Em qual dia da Semana Santa relembramos esse fato da vida de Jesus?
_____

b) Escolha uma das palavras que estão dentro do círculo e complete a frase abaixo:

Realizando o lava-pés, Jesus assume o papel de _____.

c) Faça o cruzamento da linha com a coluna e marque o espaço correspondente à resposta correta: o que aconteceu em cada um dos dias desse período litúrgico, que hoje chamamos de Semana Santa?

Semana Santa	Aleluia! Ressurreição de Jesus	Caminho do Calvário. Morte de Jesus	Grande vigília para esperar a ressurreição	Lava-pés. Instituição da Eucaristia
Quinta-feira Santa				
Sexta-feira da Paixão				
Sábado de Aleluia				
Domingo de Páscoa				

d) Veja a sequência dos principais acontecimentos da vida de Jesus. Pinte os desenhos e, assim, você terá, através das imagens, uma boa lembrança da história de Jesus:

1 – Jesus na manjedoura ao lado de Maria e José.

2 – Jesus criança, ajudando São José.

3 – Jesus, adulto, falando para a multidão.

4 – A Santa Ceia – Jesus com seus discípulos.

5 – Jesus no Calvário.

6 – A ressurreição de Jesus.

Respostas das atividades

1. Para começar

(5) – (4) – (1) – (3) – (2)

2. Quem era Maria?

Joaquim e Ana – Nazaré – Maria – Anjo – Gabriel – Deus – Filho de Deus – "Eis aqui a serva do Senhor"

3. Quem era José?

a) Rei Davi

b) Serrote, martelo e pregos

4. A caminhada para Belém

Caminho 3.

5. Nasce o Salvador

6. A visita dos Magos

a)

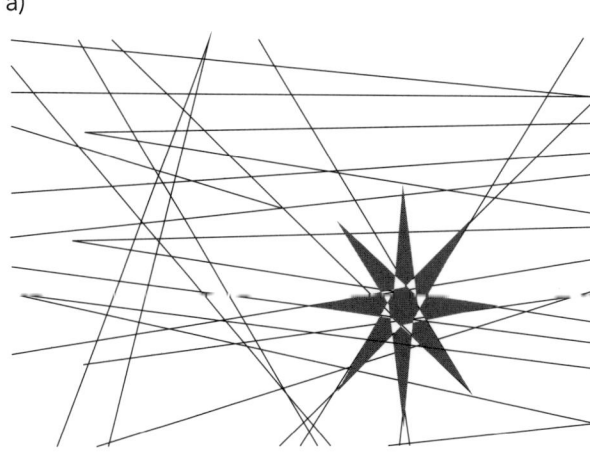

b) Gaspar – Baltasar – Melquior

c) 1. Herói – 2. Estrelas – 3. Rodas – 4. Óculos – 5. Dia – 6. Elos – 7. Sol

Resposta: Herodes

7. A infância de Jesus

a) judeus – Jerusalém – Páscoa – Jesus

b) Frase 2

c) Maria

d) "Não sabíeis que devo ocupar-me das coisas do meu Pai?"

8. A vida pública de Jesus

a) 30

b) 1. Mar de Tiberíades – 2. Judeia – 3. Jerusalém – 4. Nazaré

c) Jesus

9. Os milagres de Jesus

a) Belém – Nazaré – Cafarnaum – Jerusalém. As respostas dos alunos sobre a questão proposta são livres, mas de acordo com o texto-base.

b) Militar – Comandava uma centúria – Tinha um servo doente

c) 1. compaixão – 2. humildade – 3. fé – 4. confiança

d) "Senhor, eu não sou digno de que entreis em minha casa. Dizei uma só palavra e meu servo será curado."

10. A cura da filha do chefe da sinagoga

1. Quando sua filha morreu. 2. Ele queria que Jesus fizesse sua filha voltar a viver – 3. Uma multidão – 4. Três discípulos, o pai e a mãe da menina – 5. "Retirai-vos, porque a menina não está morta, ela dorme." – 6. Tomou a menina pela mão e, com voz forte, pediu que ela se levantasse – 7. "Menina, levanta-te!"

11. Cura de um cego em Jericó

a) Fonte de Eliseu

b)

c) Jesus: "Que queres que eu te faça?
"Vê, tua fé te salvou."
O cego: "Filho de Davi, tem piedade de mim!"
Que eu veja!

12. Os últimos tempos de Jesus na Terra
(2) – (1) – (4) – (3)

13. Últimos dias de Jesus na Terra
a) Quinta-feira Santa
b) Servo
c) Quinta-feira Santa = Lava-pés/Instituição da Eucaristia
Sexta-feira da Paixão = Caminho do calvário/Morte de Jesus
Sábado de Aleluia = Grande vigília para esperar a ressurreição
Domingo de Páscoa = Aleluia! Ressurreição de Jesus

Rua Dona Inácia Uchoa, 62
04110-020 – São Paulo – SP (Brasil)
Tel.: (11) 2125-3500
paulinas.com.br – editora@paulinas.com.br
Telemarketing e SAC: 0800-7010081